Michael Groißmeier hat sich vom Beginn seiner literarischen Tätigkeit an mit der Begrenztheit des irdischen Daseins beschäftigt. Heinz Piontek hat dies unter anderem auf die Greuel der letzten Kriegstage zurückgeführt, die der damals zehnjährige Autor mit ansehen und zum Teil auch selbst erleiden mußte, und worüber er in seinem autobiographischen Roman »Der Zögling« berichtet.

In den neuen Gedichten söhnt sich der Autor mit dem Sterbenmüssen aus und hofft auf ein Weiterleben nach dem Tod – in welcher Weise auch immer. Ja, ihn erfaßt geradezu eine »Auferstehungslust«: »... ein neues, ewiges Sein beginnt.«

MICHAEL GROISSMEIER, geboren 1935 in München, Lyriker und Erzähler, lebt in Dachau. Für sein literarisches Werk wurde er ausgezeichnet mit der Bürgermedaille der Großen Kreisstadt Dachau (1984), der Ehrengabe der Stiftung zur Förderung des Schrifttums (1986), dem Verdienstkreuz am Bande des Verdienstordens der Bundesrepublik Deutschland (1998). Außerdem war er Ehrengast der Deutschen Akademie Villa Massimo in Rom (1988/89). Er ist Mitglied der Autorengemeinschaft der »Münchner Turmschreiber« (Auszeichnung »Bayerischer Poetentaler« 2009).

Im Allitera Verlag erschienen »Der Zögling« (Autobiographie), »Im Leuchtkäferlicht« (Haiku), »Suche nach Avalun« (Gedichte), »Garten meiner Kindheit« (Gedichte) und »Die Wirklichkeit des Traums« (Gedichte). In der LYRIKEDITION 2000 erschienen die Gedichtbände »Mein irdisches Eden«, »Charons Blick« und »Warum genügt uns nicht die Erde?«.

Michael Groißmeier

Auferstehungslust

Gedichte

Weitere Informationen über den Verlag und sein Programm unter:
www.allitera.de

Bibliographische Information der Deutschen Nationalbibliothek

Die Deutsche Nationalbibliothek verzeichnet diese Publikation
in der Deutschen Nationalbibliographie;
detaillierte bibliographische Daten sind im Internet
über http://dnb.d-nb.de abrufbar.

Juli 2009
Allitera Verlag
Ein Verlag der Buch&media GmbH, München
© 2009 Buch&media GmbH, München
Umschlaggestaltung: Kay Fretwurst, Freienbrink
unter Verwendung von Luca Signorelli: Die Auferstehung des Fleisches
Herstellung: Books on Demand GmbH, Norderstedt
Printed in Germany · ISBN 978-3-86906-047-7

Die Mutigen wissen
daß sie nicht auferstehen
Ich
bin nicht mutig

Marie Luise Kaschnitz

Für Margit und Andrea

I

KINDHEIT I

Wir badeten im Amperfluß
und wußten nichts vom Acheron,
und daß ein jeder sterben muß.

Wir wagten scheu den ersten Kuß,
in uns den Keim des Todes schon,
nicht ahnend, daß der Amperfluß
sich wandeln würd zum Acheron.

Wir lauschten unsrer Herzen Ton,
nicht ahnend, daß man sterben muß
um vager Auferstehung Lohn.

Kindheit II

Wir badeten im Fluß und wuschen so
nicht nur den Leib, auch unsre Seele rein.
Es war wie eine Taufe, tauchten wir
ins heilignüchterne Gewässer ein.

Dem Fluß entstiegen wir gestärkt und froh,
läßlicher Sünden Last ledig zu sein,
auch gegen Sündigeres wähnten wir
gewappnet uns, an Leib und Seele rein.

DIE AMPER

Die Amper zog mich magisch an.
Ich wußte nichts von Charons Kahn,
verlor den letzten Kinderzahn.

Ich wollt des Flusses Fließen sehn,
wie Wasserwirbel grün sich drehn,
darin die Schwimmer untergehn.

Verflogen ist des Lebens Wahn.
Nun warte ich auf Charons Kahn,
bis er am Ufer landet an.

Ich werde nicht um Aufschub flehn,
doch wohl nicht ohne Wehmut gehn,
der Zeit gedenkend, da ich zehn.

URAHNUNG

Mit Ringelnattern schwamm ich um die Wette.
Absonderlich ihr Blick, fast brüderlich,
und lief ich heim, im Haar des Mondes Klette,
ein urzeitlich Verwandtes fühlte ich

mit einem Male mit den Weißbesternten,
und daß mit ihnen, die einst wunderbar
aus einem Meer an Land zu kriechen lernten,
ich vor dem Menschsein *eines* Wesens war.

KARUSSELL

Ich bin noch Kind und reite
auf einem Pferdchen, rot, aus Holz.
Es dreht sich mir zur Seite
ein Schatten, wie mein Pferdchen stolz.

Der Schatten, scheint's, ein Rappe.
Der Reiter hält bei mir sich dicht.
Ich kenn den Schattenreiter nicht.
Der, mit getarnter Kappe,
zeigt mir erst später sein Gesicht.

PÄONIEN

Päonien, röter als das Morgenrot,
im Garten meiner Kindheit blühten.
Soldaten starben fern den Heldentod.
Im Feuersturm die Städte glühten.

Ich ahnte nicht, wie sich ums täglich Brot
die abgezehrten Eltern mühten.
Ich wußte nichts von die Gefangnen Not,
vom Lager und der Wächter Wüten.

Ich ärgerte im Teich die alte Krot
und sah im Nest die Amsel brüten.
Päonien, wie mein Knabenblut so rot,
die mit der Kindheit still verblühten.

MAI 1945

Auf Fliederblüten hingestreckt,
lag ein erschossener Soldat.
Mit seinen weißen Blüten hat
der Fliederbusch ihn zugedeckt.

Barmherziger ein Angesicht
hat nie ein Leichentuch bedeckt.
Kein Windhauch blas den Blust zunicht,
ein Leichentuch, das nicht erschreckt!

Der Kriegsversehrte

In Rußland liegen seine Beine
begraben in der fremden Erde,
und falls er auferstehen werde,
ob Gott sie mit dem Rest vereine?

Wie soll er ohne seine Beine
dereinst im Garten Eden wandeln?
Soll rutschen er dort über Sandeln,
wie hier auf Erden über Steine?

Er wüßte gern, was Gott beschlossen,
und auch, warum er zugelassen,
daß sich die Menschen tödlich hassen,
man ihm die Beine weggeschossen.

DIE ASCHENSTADT

Ich streife nachts durch die verschlafne Stadt,
die Hände in den Manteltaschen.
Mich schaudert, weil die Stadt das Aussehn hat,
als sei sie überweht von Aschen.

Der brave Bürger dieser Aschenstadt
ruht sanft auf seinem Ruhekissen.
Mich schaudert, weil's nicht nur den Anschein hat,
als ruhe sanft auch sein Gewissen.

DAMALS

Mein Vater schwang die Sense,
fast jugendlich sein Schwung.
Ich aber las Max Bense,
noch ohne Läuterung.

Dann kam ein andrer Schnitter
dem Vater in die Quer.
Nie roch das Gras so bitter,
war ich so ohne Wehr.

Mein Ahn

Bartholomäus hieß mein Ahn,
geboren sechzehnhundertzwei.
Er war dem Grundherrn untertan,
in seinem Sinnen war er frei.

Im Traum nur konnt er aufrecht gehn,
den Rücken beugte er am Tag.
Er starb – der älteste war zehn –,
da ´s Weib im elften Kindbett lag.

Oft stehe ich vor seinem Grab,
darin geschichtet Bein auf Bein.
Der oben trug den Kreuzesstab,
mein Ahn, ist frei nun unterm Stein.

Mein Vorfahr I

Er ist dem Grundherrn untertan,
mein Vorfahr, ist sein Ackerknecht,
zieht pflügend Furchen, Bahn um Bahn,
und träumt von Freiheit und von Recht.

Was in Gedanken er erwägt,
bespricht er mit dem Ackergaul,
der Knechtschaft wie er selber trägt,
schiebt ihm ein Büschel Gras ins Maul:

Auch Gott ist Grundherr, ich sein Knecht.
Hält Gott es wie die Weltlichkeit,
ist's aus mit Freiheit und mit Recht,
bleib Knecht ich auch in Ewigkeit.

Mein Vorfahr II

Mein Vorfahr war ein Ackerknecht,
gab für den Grundherrn seine Kraft.
Entbunden der Leibeigenschaft,
ruht er nun längst mit Fug und Recht

im Gottesacker frank und frei.
Ich bet vor seinem Hügelgrab,
daß Gott ihm einen Acker gab,
auch Pferd und Pflug sein Eigen sei,

und bet, es steh ihm zu Gebot
auch Dünger, daß die Saat gedeih
und er nicht angewiesen sei
auf Manna, ess sein eigen Brot.

Im Dachauer Moos

Hier spannt sich übers Moos
der Himmel hoch und weit.
Das Licht ist kummerlos
und lautre Heiterkeit.

Hier lass ich von mir los
und falle aus der Zeit,
als fiel ich in den Schoß
schon ewger Seligkeit.

Heimat

Heimat ist, wo ich einst lebe,
irgendwo im Weltall schwebe,
Sternstaub, Gott und Menschen fern –

wo ich aufersteh und lebe,
Trieb sein werde einer Rebe,
oder in der Nuß der Kern.

Wie auch immer ich einst lebe,
Sternstaub, Nußkern, Trieb der Rebe,
so verwandelt leb ich gern.

Meister im Vertreiben

Sein Krönungswerk, das erste Menschenpaar,
hat aus dem Garten Eden Gott vertrieben.
Ihm sind wir, der Vertreibervorbild war,
als seine Ebenbilder treu geblieben.

War Gott der erste, der vertrieben hat,
tun's wir ihm nach, sind Meister im Vertreiben,
dieweil wir selber keine Bleibestatt
auf Erden haben, Ausgestoßne bleiben.

DER WEGWEISER

Wohin will er mich weisen
mit seiner hölzern Hand?
Ich mag nicht gern verreisen
in unbekanntes Land.

Die Sphärenklänge reiner
hör ich im eignen Land.
Es hält der Fremden keiner
beim Sterben mir die Hand.

So leicht wie Heimaterde
liegt keine auf der Brust.
Hier ruh ich ohn Beschwerde
in Auferstehungslust.

Im Süden I

Als ich die Lazerte sah,
sonnend sich an einer Stele,
wähnt ich mich der Gottheit nah,
die mir blickte in die Seele.

Sanft sah mich die Gottheit an
mit den Augen der Lazerte,
daß ich mich nach ihr fortan
und nach ihrem Blick verzehrte.

Im Süden ii

Voll Stolz der Stier trägt sein zu einer Leier
gebogenes Gehörn auf seinem Haupt,
das festlich zu des Sommers Abschiedsfeier
ein Kranz aus Lorbeerblättern grün umlaubt.

Gereizt von seinem Spiegelbild im Weiher,
der Stier senkt seine Hörner, stampft und schnaubt
und bringt zum Tönen auf dem Haupt die Leier:
Europa klagt, die einst der Stier geraubt.

Edens Baum

Seit der Schöpfer uns im Zorn
aus dem Paradies verstieß,
darben wir im Erdverlies,
in der Brust des Todes Dorn.

Edens Baum, von Feigen schwer,
den er uns zum Trost beließ –
Unterpfand der Wiederkehr
einstens in das Paradies?

Mein Haus

Vor meinem Fenster blühn Geranien.
So traulich ruht und still das Haus.
Doch weht mich Wind an aus Meranien,
dann strebt mein Sinnen weit hinaus.

Die Wolken über Walnußbäumen
beschwören mich zu rascher Fahrt.
Fahrlässig wäre es, zu säumen,
da schon die Ferne meiner harrt.

Noch bin ich an das Haus gebunden.
So schick ich die Gedanken aus,
und haben sie das Ziel gefunden,
wird mir zum Wolkenschiff das Haus.

Vom welschen Wind emporgehoben,
treibt sanft es mit der Wolken Drift,
mein Haus, mein Sarg, mein Schiff, kieloben,
drin ich, kopfunten eingeschifft.

MEIN SCHREIBTISCH

Auf meinen Schreibtisch bin ich stolz.
Er ist aus Eiche und sehr alt.
Die Jahresringe sind im Holz
gut sichtbar, auch ein dünner Spalt,

aus dem es atmet in den Raum
und manchmal seufzt, wie es mir scheint.
Es hat die Seele wohl der Baum
noch nicht zur Gänze ausgeweint.

Auf meinen Schreibtisch bin ich stolz,
und daß er immer noch beseelt,
das hundert Jahre alte Holz
mir seine Seele nicht verhehlt.

Sitz sinnend ich im Abendlicht,
ein wenig schon berauscht vom Wein,
ist mir, als hauch in mein Gedicht
der Schreibtisch seine Seele ein.

O daß im Vers sie Ruhe fänd,
sich nicht veratme und verlier!
Den fest ich halt mit beiden Händ',
mein Schreibtisch ist ein Stück von mir!

BLÄTTERSPRACHE

Zur Nacht des Laubes Rauschen
hoch überm Giebeldach.
Der Blättersprache still zu lauschen,
hält meine Sinne wach.

Mir ist, als hätt ich wie das Laub gesprochen,
als ich noch nicht geboren war.
Bin ich als Blatt vom Zweig gebrochen,
eh ich ein Mensch geworden wunderbar?

Ob ich dieselbe Sprache,
wie sie das Laubblatt spricht,
nach langen Schweigens Brache
nun wieder finde im Gedicht?

Die Pappel spricht

Pappel spricht, die altersweise.
Atemlos hör ich ihr zu.
Geh ich auf die letzte Reise,
weist sie mich zur ewgen Ruh.

Drüben noch hör ich sie sprechen,
wie s' dem Ewigen Gericht,
über mich den Stab zu brechen,
wipfelbrausend widerspricht:

Immer hat er nachgesungen,
was in Weisheit aus mir spricht,
hat die Sprache meiner Zungen
übersetzt in sein Gedicht.

Woll ihn, Richter, nicht bestrafen,
weil ihm mancher Vers mißlang!
Laß den Dichter friedlich schlafen,
bis ihm keimt ein neuer Sang!

An eine Pappel

Atemlos hör ich dir zu.
Immer hab ich dir gelauscht.
Manchen Vers hast du
mir ins Ohr gerauscht.

Schließe ich die Augen zu,
will die Seele heim,
flüstre, Pappel du,
mir ins Ohr den letzen Reim!

AM JÜNGSTEN TAG

Soll unser Erdendasein enden
in einer dumpfen Totengruft?
Soll unsre Seele sich versenden
wie Atemhauch in Winterluft?

Erstarrn im Tod auch unsre Glieder,
zerfällt auch unser Fleisch zu Staub,
vielleicht tun unsre Augenlider
sich auf am Jüngsten Tag als Laub,

vielleicht spricht unsre Zunge, weise
geworden, als ein Pappelblatt –
auf daß die Wandlung sie lobpreise,
die sich an ihr vollzogen hat.

Unser alter Walnussbaum

Unser alter Walnußbaum,
der in meine Wiege schon gerauscht,
rauscht noch jetzt in meinen Traum –
hab ihm manches Weise abgelauscht.

Weisheit er mit Zungen spricht,
tausendfach ihm allerhöchst verliehn,
Weisheit, mir wie ein Gedicht,
dem ich lausch in Demut auf den Knien.

Mein Gedicht

Aus Wörtern füg ich mein Gedicht,
doch find ich nie die edle Wendung,
die meinem Vers verleiht Gewicht,
und doch, ich glaub an meine Sendung.

Aus Wörtern füg ich mein Gedicht,
doch find ich nie der Strophe Endung,
das Wort zum Schluß, das nicht zerbricht,
des Verses glückliche Vollendung.

Ein Fünkchen Licht

Und bliebe nichts von mir zurück
als nur ein einziges Gedicht,
und wär es auch kein Meisterstück,
es wäre doch ein Fünkchen Licht
wohl unter all den Dichterleuchten,
die, als sie lebten, groß sich deuchten.

Vor Georg Trakls Grab

Zugewuchert ist des Dichters Grab
ganz von Ehrenpreis und Immergrün.
Blüten, die unirdisch Bläue sprühn,
deut ich mir als letzte Verse kühn,
als mir zugehauchte Freundesgab.

Chinesisches Gedicht

In des Mondes Flimmerlicht
Blätterschatten an der Wand,
so als schreibe ein Gedicht
eines Mandarinen Hand.

Als des Mondes Flimmerlicht
hinter eine Wolke schwand,
auch verblaßte das Gedicht,
eh vollendet es die Hand.

Mit fremden Zungen

Was sich benennen ließe,
ich hab es nicht benannt,
geöffnet nicht Verliese,
die keinem noch bekannt.

Ich konnte nur benennen,
was andre schon benannt.
Ich konnte nur erkennen,
was andre schon erkannt.

Ich hab nur nachgesungen,
was schon ein andrer sang,
mir selbst nicht abgerungen,
wonach ein andrer rang.

Ich sprach mit fremden Zungen,
die eigene blieb stumm.
Schien mir ein Wort gelungen,
war's doch nur ein Gesumm.

Nicht wert, daß meinen Namen
man in Erinnrung hält.
Sprich über mich dein Amen,
du Schöpfer dieser Welt,

die nichts mir offenbarte,
weil ich nicht darum rang,
nur in mir selbst verharrte!
Drob, Schöpfer, ist mir bang!

II

Schlechte Zeit für Lyrik?

Übermütig reim ich meine Lieder.
Nur des Reimes wegen blüht der Flieder!
Weil, solang sie leben, Menschen küssen,
werd ich meine Lieder reimen müssen!

Wissend wohl, daß Reime dir zuwider,
reim ich, Bertolt, dennoch meine Lieder!
Kann mich nicht wie du an einem Streicher reiben,
lass von Apfelbäumen mich zum Schreiben treiben!

Wozu?

Wozu im Lenz der Schlag der Nachtigall,
im Herbst der Früchte und der Blätter Fall,
kristallnes Glitzern einer Winternacht?
All dies scheint für den Dichter nur gemacht!

Wer könnte inniger in Verse fassen,
wovon die Tumben ihre Finger lassen,
empfinden nur des hohlen Zahnes Schmerzen!
Der Dichter nimmt sich jeden Hauch zu Herzen,

und käm er auch nur aus dem Hinterteil!
Des Dichters Welt ist wahr und gut und heil.
Drum schlägt für ihn im Lenz die Nachtigall,
bis ihn der eigne Schlag trifft Knall auf Fall.

KLACKS UND KLEISTER

Herr G, als Dichter kaum bekannt,
fühlt dennoch Goethen sich verwandt.
Er eifert nach dem großen Meister,
der Kritikus nennt's Klacks und Kleister.
Da läßt er fahrn sein Vorbild Goethen,
quält statt der Dichtkunst eine Flöten.

VERKANNTER DICHTER

Herr G, gewandter Pfeifenstopfer,
nicht minder kluger Verseklopfer,
hat doch schon einiges erreicht:
das Haar ergraut, der Bart gebleicht
und etwas zittrig schon die Hände,
im Bücherbord auch eigne Bände,
nur etwas schimmlig und verstaubt,
weil niemand an den Inhalt glaubt.

Nachruhm eines Dichters

Kein Mitglied, welches der Gesellschaft nützt,
auf dessen Willigkeit der Staat sich stützt.
Dem Volke Nützliches vollbracht er nicht,
schrieb lediglich sein unnützes Gedicht.

Mit einem Orden hat man ihn behängt,
so wie mit Speck und Käs man Mäuse fängt.
Doch ließ er sich nicht ködern, dieser Wicht,
schrieb weiterhin sein unnützes Gedicht.

Hilfswillig war er keinerlei Partei.
Er folgte dem Gewissen, war so frei.
Ergo kein Mann, dem Nachruhm Kränze flicht.
Ein Dichter, unnütz halt wie sein Gedicht.

Misanthropisch

Ich mag die Philosophen nicht,
vermehrn das Dunkel, nicht das Licht,
und auch die Dichter – sonderbar –
vernebeln allzuoft, was klar!

DER PHILOSOPH

Ein Kraftmensch ist er wohl von Geist,
doch schwach und schwächlich allermeist,
wenn es ums Körperliche geht.
Hat ihn erfaßt die Leidenschaft,
hilft ihm kein Geist, es hilft nur Kraft,
damit er vor dem Weib besteht!

Der Denker

Man sieht's, er hat 'ne Denkerstirn,
doch mangelt's ihm an Hirn.
Obzwar er gleichet Kanten,
fehlt's ihm im Kopf an Quanten.

GEISTESFURZ

Ein Mensch, geheißen Kurz,
läßt einen Geistesfurz,
mal hier, mal dort, mal in Australien,
und jeder staunt »Ah!«, »Oh!«,
obwohl es riecht, so, so!,
nach einem Fluß in Norditalien.

Geistlos

Gibt's Eulen nach Athen zu tragen,
erweist er sich als Meister.
Doch soll er was Vernüftigs sagen,
verlassen ihn die Geister!

SALONLÖWE

Er ist ein Löwe, hört man sagen,
jedoch, er brüllt nur im Salon!
Gilt es Gewichtigs beizutragen,
aus seinem Mund kommt nicht ein Ton!

ANGENEHM

Es spricht meist laut der Dumme,
zu leise oft der Weise.
Wie angenehm der Stumme,
spricht weder laut noch leise!

Der Dumme

Es hat der Dumme dem Gescheiten
doch mancherlei voraus:
Er lebt im Wechsel der Gezeiten
recht ungestört in seinem Schneckenhaus,

und wenn sich die Gelehrten streiten,
zieht er die Fühler ein
und meint, das sind nur Eitelkeiten,
mit denen hab ich nichts gemein!

Kunst

Wie kunstvoll diese Striche, Linien!
Sind's Palmen oder sind es Pinien?
Der Unbedarfte, irritiert,
den Glauben an die Kunst verliert.

Jedoch, es gibt Betrachter, welche …:
Sind's Pinien nicht, so sind's wohl Elche!
Man schwebt hinweg von Dunst und Brunst,
gestärkt im Glauben an die Kunst.

Intim

Herr G ist Geigenvirtuos.
Der Frack zu lang, zu kurz die Hos'.
Doch spielt er wie einst Joachim.
Da platzt ihm die geblähte Hos':
Nun wird die Geigerei intim.

Fein heraus

Wer eine Hose hat aus Leder,
braucht sie nicht mühsam sich ersitzen
wie ein Beamter, der die Feder
am Schreibtisch lebenslang muß spitzen!

Neue Tätigkeit

Er ist geprüfter Aktenstaubverwalter,
gewissenhafter Gänsefederhalter;
mit Sorgfalt füllt er voll das Tintenfaß –
bis er erliegt des Todes Aderlaß.

Muß hierzuland sein Schreiberleben enden,
wie aber soll man drüben ihn verwenden?
Dort gibt's nicht Akten, Feder, Tintenfaß!
Im Amte sang er stets im tiefen Baß,

wenn er den Federkiel mit Eifer spitzte
und Hieroglyphen in die Akten ritzte –
vielleicht find't drob er in der Ewigkeit
als Hosianna-Sänger eine Tätigkeit.

Größe

Manche oft geraten in Entzücken,
wenn vor ihnen andere sich bücken.
Um zu mehren noch die eigne Größe,
treten sie dem Bückling ins Gekröse!

STILLER KAUZ?

Es war ein Mensch mit Namen Mauz,
der war ein seltsam stiller Kauz,
doch als ihn parodierte wer,
wie das denn!, explodierte er.

Verflixt!

Herr G ist ein famoser Hecht,
er ißt und trinkt und raucht nicht schlecht.
Oft spürt im Kopf er arges Weh,
hat Schwindel, einen leichten Dreh.
Auch im Gedärm, da geht's hoch her,
das Herz, das macht noch mehr Beschwer.
Herr G denkt sich: Nur immerzu,
das Eingeweid, das gibt bald Ruh,
doch, ach, der Kopf und meine Händ'!
Wenn ich nur 's Loch zum Schlüssel fänd!

Von Adel

Ein Mensch mit Namen Wamperl
pißt nachts in das Potschamperl.
Wie fein doch Herr von Ambre,
näßt in den pott de chambre!

FEINER UNTERSCHIED

Wer hat nicht ein Herz für Tiere,
geht's um Robben, Spaniens Stiere!
Doch der Mensch für seinesgleichen
kann nur schwerlich sich erweichen!

DAMENRUNDE

Ach, wie ästhetisch diese Runde
von Damen, die jetzt führn im Munde,
was zeitgemäß und letzter Schrei
in Mode und in Malerei –
wobei die Oberhand behält
der neue Hut der Frau von Welt!

Der Anatom

Auf dem Seziertisch liegt ein stattlich Weib.
Am großen Zeh ein Zettel, drauf: Xanthippe.
Der Anatom sägt auf das Brustgerippe,
entnimmt die Innereien, wühlt im Rest
und stellt verblüfft und mit Erstaunen fest:
Das Weib, es hat ja auch ein Herz im Leib!

Die fehlende Rippe

Betast ich meinen Leib,
so fehlt mir eine Rippe.
Gott gab sie einem Weib –
und leider auch Xanthippe!

Erfahrung

Herr G, dem Weib nicht abgeneigt,
viel Zuneigung demselben zeigt.
Darob vergißt er nicht den Wein.
Am liebsten trinkt er ihn allein;
denn aus Erfahrung weiß Herr G:
Ist 's Weib dabei, gibt es nur Tee.

Verrechnet

Herr G, von schönen Fraun umgarnt,
hatt' schlau sich als ein Frosch getarnt.
Er kam vom Regen in die Trauf';
denn eine Störchin fraß ihn auf.

ZEITVERTREIB

Herr G hat Weib und Kind,
was er gemütlich find't,
hat er doch Zeitvertreib:
Keift nicht das Weib,
so plärrt das Kind.

DER ZÖLIBAT

Der Kandidat möcht geistlich werden,
doch macht der Zölibat Beschwerden.
So stellt er seinen Wunsch hintan
und bändelt ja mit wem wohl? an.
Das hätt er lassen sollen sein,
der Zölibat schafft nie solch Pein
als wie ein holdes weiblich Wesen:
erst zartes Reis, dann rauher Besen!

Der Alumne

Sprach ein Alumne zum Dekan:
»Bin gern den Regeln untertan,
doch eines kann ich nicht verschmerzen,
warum verboten sei das Herzen,

Sie wissen schon, mit wem!
Verzeihn Sie, dieserhalb und außerdem
nehm Abstand ich jetzt von den Weihen
und lasse andre sich kasteien!«

Was der Zölibat erlaubt

»Erlaubt der Zölibat
die Liebe wenigstens platonisch?«,
so fragt der Kandidat;
das klinget keineswegs ironisch.

»Der Zölibat erlaubt«,
der Pfarrer spricht zum Kandidaten,
vor Alter fast ertaubt,
»die Liebe nur zu Bier und Braten!«

Allgemein

Wie ist das niedre Volk gemein!,
hört man von denen, die ganz oben.
Doch ist Gemeinheit allgemein,
auch in Talaren und in Roben!

Bei Tisch

Die Exzellenz, die Eminenz,
sie sitzen wohlgelaunt bei Tisch
und diskutiern mit Vehemenz,
wie heut der Hummer doch so frisch,

wie's sinnvoll eingerichtet sei,
daß nicht bei Volkes Brotaufstrich
muß darben Staat und Klerisei,
was wär dem Wohlsein hinderlich;

denn eisgekühlter Sekt und Wein
zu Mayonäs und Kaviar,
beflügeln sie nicht ungemein
den Geist von Robe und Talar! –

indessen sich das Volk vergnügt
bei Radi, Bier und Backsteinkäs,
nicht wahrnimmt, wie man es betrügt;
denn Volkes Hirn sitzt im Gesäß!

Optimist

Herr G hört gern im Walde
die muntern Vöglein singen,
hält nichts von »Wart nur, balde …!«
und andren düstren Dingen.

Herr G, dazu geboren,
sich selber zu erheitern,
gibt niemals nichts verloren,
g'hört drum zu den Gescheitern!

Deplaziert

Herr G kommt in die Jahre,
denkt auch mal an die Bahre,
verwirft doch den Gedanken gleich
und seufzt: Was soll denn ich als Leich'!

ARIA

Es hält des Lebens Aria
stets an des Tods Fermate.
Befällt dich die Malaria,
dann wird der Tod dein Pate.

Warst du im Leben Paria,
wer aber zahlt die Rate
für Sarg und Totenaria,
wenn du nichts galtst im Staate?

Tod, der Spieler

Ein Spieler ist der Tod, ein derber,
er treibt mit uns verruchtes Spiel.
Den Leidenden naht er als Werber
für eine bessre Welt als Ziel,

den Liebenden als Spaßverderber,
nimmt ihnen weg, was wohlgefiel.
Des Glückes Glas ist er Zerscherber,
zerbricht des Dichters Federkiel.

Jeglicher Lebenslust Enterber,
läßt er vermissen Takt und Stil:
Der Taube naht er sich als Sperber,
dem Kasperl als ein Krokodil.

Vor der Ernte

Die Sense hängt bereit am Schupfen,
gedengelt scharf und blank gewetzt.
Sie darf nicht stumpf sein und nicht rupfen,
wenn man sie an die Halme setzt.

Dies denkend muß die Stirn ich tupfen,
die jählings mir der Angstschweiß netzt.
Die Sense, die dort hängt am Schupfen,
ist sie nicht auch für mich gewetzt?

Ich bete, daß sie nicht mög rupfen,
wenn Tod sie an den Hals mir setzt.
Ich werd vor ihm den Strohhut lupfen,
mäht er erst andre, mich zuletzt!

KEIN ZWEITES MAL

Drängt Gott es, sich aus Erde
ein Wesen neu zu schaffen,
ob er wohl formen werde
sich diesmal einen Affen?

Im Gegensatz zur Krone
der Schöpfung ist er friedlich,
der Affe, und ganz ohne
Beschönigung auch niedlich,

kennt nicht des Krieges Wirren
und schießt auch nicht auf Tauben.
Ein zweites Mal zu irren,
darf Gott sich nicht erlauben!

III

MÄRZMORGEN

Ich atme ihn, den Duft der Erde,
der herb aus ihren Schrunden bricht.
Wenn ich in ihr einst liegen werde,
ganz ohne Atem, Augenlicht,

so hoffe ich, daß aus der Erde,
die mir den Atem nimmt, die Sicht,
mir eine Blume wachsen werde,
die sie mir aufschließt, hin zum Licht.

Nur ein Tropfen

Bin nur ein Tropfen in des Schöpfers Plan,
und fehlte er, was machte es schon aus!
Und doch, kein einzger Tropfen ist vertan;
denn unter Myriaden Tropfen Taus
erglänzt er, wenn der frühe Morgen tagt,
eh er verdunstet, hell wie ein Smaragd.

ACKERWINDEN

Wollt meinen Staub, ihr Ackerwinden,
fest an die Erde binden,
daß ihn kein Hauch des Winds verweh,
bis daß ich aufersteh!

Wollt meinen Staub, ihr Ackerwinden,
der Fesselung entbinden,
wenn ich um Auferstehung fleh,
ein Gott befiehlt: »Nun geh!«

MÜTTERLICHE ERDE

Den Hirten, hütend seine Herde,
hör ich ein Loblied leise summen;
es preist die mütterliche Erde –
ein Schaufelwurf schon läßt's verstummen!

Ein Schaufelwurf schon stillt die Fragen,
die wir an unser Schicksal stellen,
die alle Wesen in sich tragen
und Hunde in die Nächte bellen.

GEFLÜGELTER CHOR

Schier überirdisch summen
die Bienen; sie nur können's so fein.
Bäurisch derb brummen
die Hummeln darein.

Sie sind Bässe, Tenöre,
die Bienen Alt und Sopran.
Keine lieblicheren Chöre
wehen mich an.

Keine anderen Stimmen
tönen so himmlisch ans Ohr
wie der Hummeln und Immen
geflügelter Chor.

HIMMELFAHRT

Ich neid den Hummeln ihre Himmelfahrt,
die flügelleichte, engelgleiche.
Mir wächst das Haar, mir wächst der Bart,
doch Flügel? Herr, gib mir ein Zeichen!

Ich habe zwiefach, Herr, ein Schulterblatt,
laß wachsen mir daraus zwei Flügel,
und bin ich einst der Erde satt,
daß ich entflög des Grabes Hügel!

Befinde würdig mich der Himmelfahrt!
Von Anbeginn hast du den Hummeln
geschenkt zum Flug zwei Flügel zart,
erbarme dich auch meiner Stummeln!

Die Raupe

Die Raupe quält ihr Bürstenkleid.
Sie träumt von Flügeln, blau, aus Seid',
und daß dem Niedren sie entschweb,
wenn ihr die Wandlung ist geglückt,
in immer lichtre Höhn sie streb,
in blauem Kleid aus seidnem Glanz
sich wieg und wend im Reigentanz,
sylphidisch in die Luft entrückt.

Die Friedhofspappel

Gehn einst wir in die Erde ein,
wird nichts von uns verloren sein:
Des sanft zerfallnen Fleisches Staub,
er speist der Pappel Wurz und Laub.

Als unser Fürsprech immerfort
ergreift das Laub für uns das Wort,
indem es, flüsternd ein Gebet,
um unsre Auferweckung fleht.

Im Morgenrot

Mit Rosenfingern neckt
das Morgenrot den Falter.
Er schlägt, vom Licht geweckt,
nun auf den Flügelpsalter.

Da seine Starre weicht,
er mit den Fühlern tastet,
wird mir die Seele leicht,
auf der ein Traum gelastet.

Wann wird sie, unversehrt
von Nacht- und Traumgestalten,
wie's sie der Falter lehrt,
zum Abflug sich entfalten?

FLUCHTEN

Das Pfauenaug erschrickt,
da es das Ungesicht
des Nichts hat angeblickt,
und flieht ins Sonnenlicht.

Und auch mein Aug erschrickt,
da es das Ungesicht
des Nichts hat angeblickt:
Ich fliehe ins Gedicht.

Das Meisterstück

Ich lausche gern dem leisen
Gezirp am Wegesrand
und deut es mir als Preisen
der weisen Schöpferhand.

Es spürt wohl auch die Grille
ein stilles Daseinsglück,
und daß des Schöpfers Wille
sie schuf als Meisterstück.

Die Einhornwunde

An einem Sommertag,
es soll nicht regnen,
kannst du dem Einhorn
tief im Wald begegnen.

Doch es erscheint nur,
wenn ein Strahl von Licht
jäh durch den Tann
in eine Schneise bricht.

Dann kann es sein,
hat dich der Stoß getroffen,
daß Sehnsucht dich erfaßt,
ein stilles Hoffen,

es heile nie der Schmerz
in deiner Brust,
da deine Wunde
deine höchste Lust.

REGEN

Der Regen fällt in Strichen –
sind feingestimmte Saiten,
darüber Ahornfinger gleiten.

Wenn ich die Geige streiche
– und oftmals hab ich sie gestrichen! –,
reißt manchmal eine Saite
beim harten Bogenstrich.
Dann gibt es einen Mißton ärgerlich.

Dem Regen ist beim weichen
behenden Bogenstreichen
noch niemals eine Saite
wie mir gesprungen,
und war sein Spiel beendet,
hat's nicht wie meins geendet,
hat's vielmehr lieblich nachgeklungen.

Im Laubengang

Am End des Laubengangs das Licht
erweckt in mir ein Heimverlangen,
das meiner Lust zu leben widerspricht.
Ich nehm es wahr mit leisem Bangen.

Dies Licht von sanft getöntem Blau
verlockt, in es hineinzuschreiten –
als schritte ich in Edens Au.

Der Ausgang gaukelt mir zugleich
den Eingang vor ins Sphärenreich,
zu nie erfahrnen Seligkeiten.

Das Walnussblatt

Als ich durch meinen Garten schritt,
sah ich im Wind die Blätter stieben.
Da eins vor meine Füße glitt,
hob ich es auf und nahm es mit.
Berauscht vom Duft, als ich's zerrieben,
hab einen Schlußvers ich geschrieben,
und alles, was ich je erlitt,
und aller Schmerz, der mir geblieben,
wich einem andachtsvollen Lieben.

Abgefallenes Walnusslaub

Die Blätter, Zungen der Propheten,
weissagend an den Walnußzweigen,
nun achtlos in den Staub getreten.
Wie schmerzhaft trifft das Ohr ihr Schweigen!

Wir werden bei den Anemonen,
so sagten weis die Blätterzungen,
wenn ausgehaucht der Atem, wohnen,
von Auferstehungslust durchdrungen.

Doch wenn den Tod wir überwinden
nach langem in der Erde Liegen,
ob wir – und wo? – uns wiederfinden,
die Zungen haben es verschwiegen.

In der Nacht

Treulich von den Sternen
und vom Mond bewacht,
schweigen neu zu lernen,
wandl ich durch die Nacht.

Duft der Nachtviolen
fächelt mir der Wind.
Unter meinen Sohlen
spür das Gras ich lind.

Alles Fleisch auf Erden,
geht mir durch den Sinn,
wird zu Gras einst werden,
wie's zu Anbeginn.

Immer weiter wandern,
übern Berg hinaus,
bis ich bin bei andern,
die mir schon voraus!

Im Gartenhaus

Der Duft der Nachtviolen
umweht das Gartenhaus.
Ich sitze drin verstohlen,
schau in die Nacht hinaus.

Ich pflege hier zu warten,
weiß selber nicht, auf wen.
So einsam liegt der Garten.
Die Nachtviolen wehn.

Macht sie ein Windhauch beben?
Geht um ein Atem hier
aus einem frühern Leben,
der auf dem Weg zu mir?

Nachts im Garten

Im Garten sitz ich nachts allein.
Betäubend duftet der Jasmin.
Ich weiß nicht, ob vom roten Wein,
vom Duft Jasmins ich trunken bin.

Ein sanftes Schweben stellt sich ein,
als höben Lüfte mich empor,
ein Duftgemisch Jasmin und Wein,
drin Sein zum Nichtmehrsein vergor.

O stürzte ich doch niemals ab,
schwebt ich in aller Ewigkeit!
Ich fürcht den tiefen Sturz ins Grab
aus meiner hohen Lebenszeit!

Bei der Gartenarbeit

Ein Grabscheit brauch ich, einen Rechen,
die Blumenbeete zu bestellen,
und dienlich ist ein Schubkarrn, blechen,
nicht neu, auch rostig und mit Dellen.

In Erde, roglige, zu stechen,
mein trüb Gemüt kann es erhellen,
und nach getaner Arbeit zechen,
das kann mich in den Himmel schnellen.

Im Rausch seh ich die Blaue Blume,
um die vergeblich ich mich mühe.
Hätt drüben ich ein wenig Krume,
erneut versucht ich, daß sie blühe,
die hier mir nicht gelungne Blume!

HECKENSCHNITT

Es klappt die Heckenschere,
geraten soll der Schnitt.
Ich leide mit der Beere,
die mit dem Zweig fällt, mit.

Doch nichts fällt in die Leere,
es bleibt in dieser Welt,
auf daß es sich vermehre
und seine Art erhält.

Wie sehr die Heckenschere
mit messerscharfem Schnitt
die Beere auch versehre,
wie sehr ein Herz auch litt,

es fällt nichts in die Leere,
alls fängt die Erde auf,
damit es wiederkehre
zu neuen Daseins Lauf.

Auf der Gartenbank

Die Sichel an der Scheunenwand,
der alte Mann hat sie im Blick.
Mit seiner mürben Greisenhand
schiebt er den Strohhut ins Genick.

Die leichte Arbeit ist getan.
Nun sitzt er auf der Gartenbank
und zündet sich die Pfeife an.
Er denkt: Wie blitzt die Sichel blank!,

summt vor sich hin die alte Weis':
»Es ist ein Schnitter, heißt der Tod.«,
der schneid't das Kind, der schneid't den Greis –
das Sterben kommt nie aus der Mod'!

An eine Katze

Sonnst dich auf der Gartenmauer,
blickst auf den, der unten steht,
deinen Augen nur ein grauer
Schatten, der vorübergeht.

Weißt du, Weise, ich gehöre
längst schon in das Totenhaus?
Ihren Schatten wirft die Föhre
auf den meinen, löscht ihn aus.

Meiner toten Katze

Ich habe dich begraben
wohl unterm Walnußbaum.
Auch du sollst Frieden haben
und einen selgen Traum!

Ich habe dich begraben,
ich hoff, für kurze Zeit.
Ich möcht dich wieder haben
dort in der Ewigkeit!

Steh auf ich von den Toten,
ob du auch auferstehst,
mit mir auf leisen Pfoten
im Garten Eden gehst?

Neue Sicht

Mit blindem Auge starrt
die Sonnenblume in das Licht,
das nicht mehr blendet.

Ein jegliches nun harrt
des Blicks, der ihm das Auge bricht.

Ich scheu den Blick des Todes nicht.
Sobald mein irdisch Sehen endet,
eröffnet sich mir eine neue Sicht.

AHORNFRUCHT

Den stets verschmähn die Vogelschnäbel,
ich fechte mit dem Ahornsäbel,
der einzgen Waffe, die nicht tötet,
die Welt mit Menschenblut nicht rötet,
mit welcher nur der Dichter ficht,
sich sanft erobert sein Gedicht.

Ein Buch der Weisheit

Im späten Herbst der Falter
schließt seinen Flügelpsalter,
ein Buch der Weisheit, drin ich las:
All Fleisch wird sein geschnitten Gras.

Rasch fühl ich nahn die Wende,
die ich erwarte ohne Weh,
weil ich auch las: Das Ende
wird leicht wie auf den Schultern Schnee –

und las auch dies im Psalter:
Zur Jugend kehrt das Alter
zurück; es schmilzt der Schnee, zerrinnt,
ein neues, ewges Sein beginnt.

Als Weide

Ich brauche keine Binde um die Augen,
den Schuß will offnen Auges ich erleiden!
Holzspäne nicht, mein Herzblut aufzusaugen,
den Wurzeln brüderlicher Uferweiden

soll es zum kräftigenden Trunke taugen,
daß ich als Weide fortleb, still, bescheiden,
die Welt beschau ganz neu mit Weidenaugen,
um schmerzlos dann den Laubfall zu erleiden!

Im Wandel

Sitzend auf bemoostem Stein,
sintre ich in andres Sein,
das als Farne sich entrollt.

Kaum noch Fleisch und kaum noch Bein,
wachs ich in die Farne ein.
Nichts, das noch dem Menschsein zollt.

ZUGVOGELZEIT

Die Vogelschwärme ziehn nach Süden.
Wer blickte ihnen nicht sehnsüchtig nach!
Manch einer spürt sein Herz ermüden,
spielt bis zum Matt gegen sich selber Schach.

Der Föhn bläst her das Blau von Süden
und wirbelt weiße Tauben auf vom Dach.
In seinem Wehn Chopins Etüden,
als letzter Gruß ins Grab das Air von Bach.

Bewahrt vor allem Rohen, Rüden,
der Dichter in Gehäuse und Gemach
– und auch sein Herz ist am Ermüden –
in sanften Versen sinnt dem Sommer nach.

Die Vogelschwärme ziehn nach Süden.
Die Rose welkt, die man dem Toten brach.
Ein Hauch nur mehr Chopins Etüden.
Das Air von Bach klingt in den Bäumen nach.

Die zwölfte Lage

Der Herbsttag geht zur Neige.
Die Sterne ziehen auf.
Ich greif nach meiner Geige
und üb den Fingerlauf

und üb die elfte Lage.
Die zwölfte wohl gelingt
mir erst am Jüngsten Tage,
der die Vollendung bringt.

DER DREIKLANG
In memoriam Max Eham

Ich hoffe, wie in deinen Erdentagen
darfst drüben du die Orgel wieder schlagen.
Trompetet dir ein Engelchen darein,
dann lachst du wohl wie einst in dich hinein,

als mir, ein Geigerlein an deiner Seite,
im kühnen Bogenschwunge riß die Saite.
Werd ich wie du im Paradiese sein,
dann spieln wir, Engel, du und ich, zu drei'n.

Das wird ein himmlisch heitres Spielen sein,
zu hören nur im Paradies allein,
Trompete, Orgel, Geige feingestimmt,
ein Dreiklang, den kein irdisch Ohr vernimmt.

DIE FLÖTE

Erst hab ein scharfes Messer ich gelitten,
das mich aus einem Weidenzweig geschnitten.
Mir war im Inneren so weh und wund,
bis einer mich gehoben an den Mund,

mir seinen Atem blies in jede Wunde,
mir seine Zunge stieß in jede Schrunde,
daß sich ein wohlig Seufzen mir entrang,
was nie dem Wind, als Zweig ich war, gelang.

Mozarts Begräbnis

Ein Häuflein Gaffer folgt dem Sarg,
zerstiebt bei Sturm und Regen.
Den Karrenschieber friert es arg.
Der Pfarrer spricht den Segen,

dann patscht er fort im Regenguß,
erspart sich eine Predigt.
Ein Musikus, ein Luftikus,
der Ehr nicht wert. Erledigt!

In welchem Armengrab verscharrt,
der Göttersöhne einer,
er seiner Auferstehung harrt,
weiß von den Heutgen keiner.

OKTOBER

Welche Glut noch in den Rosen,
wie sie nie ein Sommer kennt,
und in allem sanft ein Glosen,
bis es lichterloh entbrennt.

Lauter nachts des Blutstroms Tosen.
Sternenschrift am Firmament
kündet nun dem Friedelosen
Frieden, den nur Eden kennt.

In der Brust des Herzens Stoßen:
Widder, der zu Tod sich rennt.
Brünstiger die Lippen kosen,
die schon Tod sein eigen nennt.

Hohe Zeit der roten Rosen,
Rot, das nur Oktober kennt:
letzter Rausch dem Freudelosen,
eh sein Herz zu Asche brennt.

Wohin werden wir verstoßen,
wenn uns Tod vom Leben trennt,
in die Welt der Wesenlosen,
die kein Auferstehen kennt?

Oktoberrose I

Das Laub ist müd, verzagt,
es harrt des leisen Falles.
Nur noch die Rose wagt
das Rot des Sonnenballes,

des rötesten, wenn's tagt.
Sie überstrahlt noch alles,
was sich zu sterben plagt.
Kein Rosenblatt, das zagt
beim Nachhall eines Falles.

OKTOBERROSE II

Oktoberrose, rot
wie eines Menschen Blut.
Noch einmal, kurz vorm Tod,
auflodert ihre Glut

zu dunklem Feuerbrand
und brennt so blutend heiß
in eines Menschen Hand,
ehvor erlischt sie leis.

Oktoberrose III

Oktoberrose zögert, eh
sie sich dem ersten Frost ergibt.
Ihr Rot verblaßt bald unterm Schnee.
Schnell schwindet hin, was lebt und liebt.

Es ist die Zeit, da jeder Baum
nun seine Knospenkrallen zeigt
und sich auch meines Lebens Traum
zum End und zur Vollendung neigt.

Und auch mein Herz, es zögert, eh
gehorsam es verhält den Schlag.
In Eden, das ich offen seh,
erwach ich dort zu neuem Tag?

Letzter Wahn

Der Rosen sanft Verbluten,
wie schmerzlich rührt es an,
bricht sich ein letztes Gluten
im eignen Herzen Bahn,

ein Traum will überfluten
das Herz, ein letzter Wahn,
indes auf Flusses Fluten
sich naht schon Charons Kahn!

REUE

Der Rosen Wahn und Wunder,
schon bald des Herbstes Plunder,
und auch das eigne Herz verglimmt
zu Asche, die der Wind sich nimmt.

Kein Sommer hält die Treue.
Seh ich der Rosen Reue,
bereu auch ich, daß ich vertan
mein Sein an Wunder, Traum und Wahn!

OKTOBERMOND

Aug in Auge, Mond, mit dir,
fühle ich mein Herz erbeben.
In die Seele blickst du mir,
wissend, was mir aufgegeben.

Mond, du meiner Nächte Zier
in der Frühlingsdüfte Weben,
hast geöffnet dein Visier,
forderst, Aug des Tods, mein Leben!

Das Ziel

Die Zeit eilt mir voraus.
Ich hast ihr hinterher.
Der Atem geht mir aus.
Ich komm ans Ziel nicht mehr.

Doch ist der Weg das Ziel,
dann hab ich's schon erreicht.
Tod mit dem Federkiel
mich aus dem Leben streicht.

Eis

Eis verschloß dem Bach den Mund.
Leises Flehen aus dem Grund –
wie bei eisverschlossnem Mund
Flehen aus der Seele Grund,
tauen mög das Eis im Mund,
quillen wieder aus dem Grund
Sprache in befreiten Mund.

DER GREIS

Der Augen Blau gefror zu Eis.
Die Räude schor das Haargelock.
Mühselig schleppt sich hin der Greis,
sich stützend müd auf seinen Stock.

Er sehnt sich nach des Todes Stoß,
möcht in den Garten Eden heim.
Bald ruht er in der Erde Schoß,
in sich der Auferstehung Keim.

Im Karner

Überkreuzte Schenkelknochen,
drauf der blanke Schädel ruht.
Was der Mund an Lieb versprochen,
hält nicht mehr des Mundlochs Wut.

Wie liebäugelten die Augen!
Aus den Höhlen grinst das Graun!
Ach, Gebein, gebeizt von Laugen
sauren Regens, wüst zu schaun!

O du zärtliches Gerippe,
ob sich deiner wer erbarm?
Dich küßt keine warme Lippe,
dich nimmt keiner in den Arm!

SCHÖNHEIT

Daß Schönheit sterben muß,
will mir nicht in den Sinn.
Die Wangen schwärzt mit Ruß
die Pest. Bind hoch das Kinn,

daß nicht die Zähne bleckt
der einst so süße Mund!
Die Augen sei'n bedeckt
mit einem Veilchenbund,

daß nicht der glasge Blick
den Schauenden verstör!
Der Tod brach dir 's Genick,
nun geh durchs Nadelöhr!

Bist in der andern Welt,
vergiß den Erdenlauf!
Den Engeln zugesellt,
lebt Schönheit wieder auf!

AVALUN

Komm ich dem Sein abhanden,
verlädt man mich aufs Totenschiff.
An welcher Küste wird es landen,
zerschelln an welchem Riff?

Die niemand noch gefunden,
auf jener Insel möcht ich ruhn,
der Fessel Leib entbunden,
ein Seliger auf Avalun!

O mög mein Schiff nicht stranden
im Totenreich der Hel!
Nicht mehr in Leibes Banden,
auf Avalun möcht sein ich selge Seel'!

Vor der Überfahrt

Wenn Charon mich in seinen Nachen ruft,
begleitet mich der Wasserminze Duft,
daß ich an ihm ein letztes Mal mich lab,
Erinnrung drüben an die Erde hab.

Die Uferpappel spricht den Abschiedsgruß,
eh ich in Charons Nachen setz den Fuß.
Im Ohr noch den ihr abgelauschten Reim,
mag ich mich drüben fühlen wie daheim.

HADESFAHRT

Noch im Ohr den Grillenton,
träum ich schon den Acheron,
höre Charons Ruderschlag,
der mich weckt am frühen Tag.

Morgentau in Haar und Bart,
harre ich der Hadesfahrt.
Atme ich den Wasserdost,
findet meine Seele Trost.

Silberpappel spricht mir zu:
Freu dich auf die ewge Ruh!
Trifft auch Charons Ruder hart,
stets gelingt die Überfahrt!

Was ich drüben mir ersehne

Was ich drüben mir ersehne:
einen Fluß mit Uferweiden,
eine Bank mit einer Lehne,
eine Luft, klar, herbstlich, seiden.

Ja, das wär ein Neubeginnen!
Kein Gedanke mehr ans Sterben,
kaum mehr ein Zurückbesinnen
an das Glück, das brach in Scherben,

an das von der Erde Scheiden,
an das bange Augenschließen.
Zuhörn nur den Uferweiden
und des Flusses sanftem Fließen.

WIDERREDE

Ich will nicht in das Paradies
vertrieben werden!
Ich habe meinen Garten Eden
hier auf Erden!

Im Paradies wird mir
wohl keine Walnuß reifen,
ich würde dort
nur in die ewge Leere greifen!

Mag sich der Sternenhimmel
zwischen Walnußzweigen
wie ein von Nüssen praller
Walnußwipfel zeigen,

es ist nur Täuschung, die mich zwingt,
zu widerreden:
Kein Walnußbaum wird trösten mich
im Garten Eden!

WIE WERD ICH AUFERSTEHEN?

Wie werd ich auferstehen?
Werd ich derselbe sein
wie vormals, aufrecht gehen,
erleiden Schmerz und Pein?

Werd ich zu Kreuze kriechen
wie vormals vor dir, Gott,
und werd ich kränkeln, siechen?
Schleppt man mich aufs Schafott?

Wird enden all mein Leiden?
Wird's neu mir auferlegt?
Erweck mich, Gott, in Weiden
als Wind, der Laub bewegt!

Ich möchte auferstehen
als Windeshauch zur Nacht,
ein kaum vernehmlich Wehen,
das keinen schlaflos macht!

Vor dem Ewigen Gericht

Ich mußte oft mich beugen,
verbiegen doch ließ ich mich nicht.
Man wird es mir bezeugen
einst vor dem Ewigen Gericht.

Dem Schöpfer mich zu beugen,
war Ehre mir und heilge Pflicht.
Er wird es mir bezeugen.
Verbiegen konnt auch er mich nicht.

Inhalt

I

Kindheit I · 9
Kindheit II · 10
Die Amper · 11
Urahnung · 12
Karussell · 13
Päonien · 14
Mai 1945 · 15
Der Kriegsversehrte · 16
Die Aschenstadt · 17
Damals · 18
Mein Ahn · 19
Mein Vorfahr I · 20
Mein Vorfahr II · 21
Im Dachauer Moos · 22
Heimat · 23
Meister im Vertreiben · 24
Der Wegweiser · 25
Im Süden I · 26
Im Süden II · 27
Edens Baum · 28
Mein Haus · 29
Mein Schreibtisch · 30
Blättersprache · 31
Die Pappel spricht · 32
An eine Pappel · 33
Am Jüngsten Tag · 34
Unser alter Walnußbaum · 35
Mein Gedicht · 36
Ein Fünkchen Licht · 37
Vor Georg Trakls Grab · 38
Chinesisches Gedicht · 39
Mit fremden Zungen · 40

II

Schlechte Zeit für Lyrik? · 43
Wozu? · 44
Klacks und Kleister · 45
Verkannter Dichter · 46
Nachruhm eines Dichters · 47
Misanthropisch · 48
Der Philosoph · 49
Der Denker · 50
Geistesfurz · 51
Geistlos · 52
Salonlöwe · 53
Angenehm · 54
Der Dumme · 55
Kunst · 56
Intim · 57
Fein heraus · 58
Neue Tätigkeit · 59
Größe · 60
Stiller Kauz? · 61
Verflixt! · 62
Von Adel · 63
Feiner Unterschied · 64
Damenrunde · 65
Der Anatom · 66
Die fehlende Rippe · 67
Erfahrung · 68
Verrechnet · 69
Zeitvertreib · 70
Der Zölibat · 71
Der Alumne · 72
Was der Zölibat erlaubt · 73
Allgemein · 74
Bei Tisch · 75
Optimist · 76
Deplaziert · 77
Aria · 78

Tod, der Spieler · 79
Vor der Ernte · 80
Kein zweites Mal · 81

III

Märzmorgen · 85
Nur ein Tropfen · 86
Ackerwinden · 87
Mütterliche Erde · 88
Geflügelter Chor · 89
Himmelfahrt · 90
Die Raupe · 91
Die Friedhofspappel · 92
Im Morgenrot · 93
Fluchten · 94
Das Meisterstück · 95
Die Einhornwunde · 96
Regen · 97
Im Laubengang · 98
Das Walnußblatt · 99
Abgefallenes Walnußlaub · 100
In der Nacht · 101
Im Gartenhaus · 102
Nachts im Garten · 103
Bei der Gartenarbeit · 104
Heckenschnitt · 105
Auf der Gartenbank · 106
An eine Katze · 107
Meiner toten Katze · 108
Neue Sicht · 109
Ahornfrucht · 110
Ein Buch der Weisheit · 111
Als Weide · 112
Im Wandel · 113
Zugvogelzeit · 114
Die zwölfte Lage · 115
Der Dreiklang · 116

Die Flöte · 117
Mozarts Begräbnis · 118
Oktober · 119
Oktoberrose I · 120
Oktoberrose II · 121
Oktoberrose III · 122
Letzter Wahn · 123
Reue · 124
Oktobermond · 125
Das Ziel · 126
Eis · 127
Der Greis · 128
Im Karner · 129
Schönheit · 130
Avalun · 131
Vor der Überfahrt · 132
Hadesfahrt · 133
Was ich drüben mir ersehne · 134
Widerrede · 135
Wie werd ich auferstehen? · 136
Vor dem Ewigen Gericht · 137